ÉLOGE FUNÈBRE

DE

M. ARMAND-EDMOND-ELZÉARD DE BOURGNON
BARON DE LAYRE

PRONONCÉ

Le jour de ses Obsèques, en l'Église de Beaumont-les-Autels

LE 4 MARS 1891

PAR

M. LE CURÉ DE SAINT-LAURENT (Gouet)

DE NOGENT-LE-ROTROU

SUIVI DES PAROLES PRONONCÉES PAR Mgr LAGRANGE

ÉVÊQUE DE CHARTRES

AU CIMETIÈRE DE BEAUMONT-LES-AUTELS

CHARTRES
IMPRIMERIE GARNIER
15, rue du Grand-Cerf, 15

M DCCC LXXXXI

ÉLOGE FUNÈBRE

DU

BARON DE LAYRE

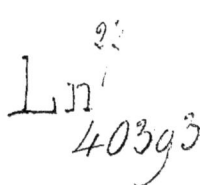

ÉLOGE FUNÈBRE

DE

M. ARMAND-EDMOND-ELZÉARD DE BOURGNON
BARON DE LAYRE

PRONONCÉ

Le jour de ses Obsèques, en l'Église de Beaumont-les-Autels

LE 4 MARS 1891

PAR

M. LE CURÉ DE SAINT-LAURENT
DE NOGENT-LE-ROTROU (Godet)

SUIVI DES PAROLES PRONONCÉES PAR Mgr LAGRANGE
ÉVÊQUE DE CHARTRES

AU CIMETIÈRE DE BEAUMONT-LES-AUTELS

CHARTRES

IMPRIMERIE GARNIER
15, rue du Grand-Cerf, 15

—

M DCCC LXXXXI

ÉLOGE FUNÈBRE

DU

BARON DE LAYRE

> *Ut filii lucis ambulate : fructus enim lucis est in omni bonitate, et justitia, et veritate.*
>
> Marchez comme des enfants de lumière : car le fruit de la lumière c'est que vous viviez dans la bonté, dans la justice, et dans la vérité.

Monseigneur,

Mes Frères,

Ces paroles de saint Paul aux Ephésiens sont empruntées à l'office du 3ᵉ dimanche de Carême. Elles terminent l'Epître de ce jour. Elles se chantaient partout dimanche dernier, mais dans cette Église elles ont retenti avec une éloquence particulière. Elles venaient d'être prononcées par le prêtre ; les voûtes de cet édifice les répétaient encore quand un douloureux message y parvint. L'inquiétude, l'angoisse se peignirent sur tous les visages, le prêtre sentit sa parole se briser, la messe s'acheva à voix basse; on apprenait que le châtelain de Beaumont venait de rendre le dernier soupir.

Or il se trouve, mes Frères, que ces paroles du grand Apôtre résument admirablement la vie de celui que nous pleurons.

Bonté, Justice et Vérité. Elles sont la devise de son blason, elles furent celle de ses ancêtres avant d'être la sienne.

Dulce ac Fortiter. Douceur et Force.

Je m'en empare avec une confiance d'autant plus grande que votre présence, Monseigneur, à ces religieuses et imposantes funérailles est, déjà et à l'avance, la consécration de ma pensée et la confirmation de l'hommage que je dois rendre en ce discours à la mémoire de M. Armand-Edmond Elzéard de Bourgnon, baron de Layre.

Oui, mes Frères, je puis les lui appliquer sans crainte en face des Saints Autels, parce qu'en même temps qu'il y voyait une tradition de sa famille, il y voyait encore, il y voyait surtout l'accomplissement du devoir chrétien. « Il faut marcher comme des enfants de lumière, en toute bonté, en toute justice, en toute vérité. »

Ut filii lucis ambulate : fructus enim lucis est in omni bonitate et justitia et veritate.

Né à Poitiers le 12 février 1832, M. le baron de Layre eut le bonheur de voir la lumière de la foi chrétienne, la vraie lumière, briller sur son berceau, rayonner au foyer domestique, éclairer ses premiers pas dans le monde. Son père, d'abord brillant officier pendant les guerres de l'Empire, devint plus tard conseiller à la Cour de Poitiers, prenant ainsi rang dans cette carrière de la magistrature où sa famille s'était depuis longtemps distinguée.

Six générations de magistrats y avaient

marqué profondément leur empreinte. La gravité des mœurs, la fermeté des principes, la délicatesse des sentiments y étaient héréditaires : la religion en était à la fois la base et le couronnement.

De grands exemples lui furent donnés pendant sa jeunesse. Il eut près de lui une âme d'élite, une tante, morte en odeur de sainteté à Villiers-en-Poitou, qui entoura son enfance d'une sollicitude toute maternelle ; puis son frère aîné, nature ardente, âme généreuse, qui se destinait d'abord à la magistrature, mais qui bientôt, s'attachant au Père Lacordaire, devint un de ses fidèles disciples et se fit religieux dans l'ordre de Saint Dominique. Les liens de parenté et d'affection qui unissaient les deux frères n'en devinrent que plus sacrés, et l'aîné resta le confident le plus intime du second, son guide le plus sûr jusqu'à l'heure où il mourut, victime de son dévouement, quelques jours après la bataille de Champigny, en se consacrant au service des blessés.

Élevé dans cette atmosphère pure, saine, lumineuse, M. le baron de Layre y puisa cette droiture d'esprit, cette noblesse de caractère, cet instinct des grandes choses, ces aspirations élevées qui ont dirigé sa vie tout entière. Mille travaux utiles attiraient cette belle intelligence, sans la fixer encore, quand la résolution prise par son frère d'entrer en religion, le décida à reprendre pour lui-même la robe de magistrat.

Il ne tarda pas à se faire remarquer dans ses nouvelles fonctions, et devint en peu de temps procureur impérial à Bressuire. Un avenir brillant s'ouvrait devant lui, quand il donna sa démission à l'occasion de son mariage.

C'était en 1865 ; M. le baron de Layre venait d'unir sa destinée à cette compagne de toute sa vie qui sut si bien le comprendre, et qui a partagé avec lui, dans la plus parfaite communauté de pensées et de sentiments, les bons comme les mauvais jours. Or il trouvait tant de charmes au sein de sa nouvelle famille, il y voyait tant de nobles travaux à entreprendre et à poursuivre qu'il résolut de s'y consacrer tout entier.

En s'alliant à la famille de M. Mortimer Ternaux, il y retrouvait les saines traditions, les fortes habitudes au milieu desquelles il avait passé sa jeunesse.

Il professait en particulier pour l'illustre auteur de l'*Histoire de la Terreur* une vénération aussi profonde que sympathique. Dans une page écrite de sa main, nous trouvons de lui cet éloge :

« *Inflexible sur les principes, mais tolérant pour les personnes, mon beau-père apportait dans ses relations une droiture et une discrétion telles qu'il gagnait rapidement les cœurs et qu'il a souvent trouvé chez ses adversaires autant de sympathies que chez ses propres amis.* »

Ces paroles ne s'appliquent-elles pas avec

autant de vérité à celui qui les a écrites, et
M. Ternaux, à qui la mort ne permit pas de
finir son grand ouvrage, pouvait-il rêver
un continuateur plus profondément imbu
de ses principes, plus digne et plus capable
de mener à bonne fin l'œuvre qu'il laissait
inachevée ?

Car ce fut l'honneur de M. le baron
de Layre de mettre la dernière main à ce
beau travail. C'est à ses soins, c'est à sa
plume que nous devons de voir terminée
cette remarquable Histoire (œuvre admirable et définitive dont la réputation ira
toujours en grandissant) sur les notes laissées
par son beau-père. M. le baron de Layre a
écrit le dernier volume tout entier, et le
plus bel éloge que l'on ait pu en faire a
été de dire qu'il est en harmonie parfaite
avec le reste de l'ouvrage.

Ces nobles occupations ne suffisaient pas
à son activité, il avait besoin de se dépenser
pour les autres. Sa bonne volonté était

acquise à toutes les œuvres utiles et charitables. Il mettait au service de chacun son expérience de magistrat, son intelligence et son habitude des affaires. A Paris, il était administrateur des établissements de charité de la paroisse saint Philippe du Roule. A Beaumont, où il vint se fixer en 1869, son dévouement se multiplia sous toutes les formes. Car c'est au milieu de vous, habitants de cette paroisse, qu'il aimait à se retrouver; c'est avec vous surtout qu'il entretenait ces relations si faciles et si douces où vous aviez tant à gagner.

A peine était-il installé à Beaumont, que la guerre éclata. Se trouvant alors aux eaux d'Ems, il revint à travers mille difficultés se fixer au milieu de vous. Déjà, d'ailleurs, il avait gagné votre confiance, et le 4 septembre, lorsque l'ennemi avançait toujours plus menaçant et plus terrible, voulant rester à votre tête, il accepta la charge de Maire de Beaumont; on ignorait encore, mais on apprit bientôt et la catastrophe de Sedan et la révolution qui venait d'éclater à Paris.

Bien que l'avenir fût sombre et gros d'incertitudes, il conserva courageusement ses fonctions municipales et les exerça avec activité et sagesse, persuadé, comme il l'a écrit depuis, qu'en temps de crise la place des honnêtes gens est au gouvernail.

Depuis il n'a jamais cessé de s'occuper des intérêts de cette commune. Comme maire, il mettait au service de ses administrés et ses hautes relations et sa grande expérience, s'occupant lui-même des moindres détails. Accessible à tous, bienveillant, heureux de rendre service, il aimait les travaux des champs; il se plaisait dans ce splendide domaine de Beaumont, où ses goûts et ses études pouvaient se donner carrière. Il aimait surtout votre population honnête, laborieuse et paisible; et j'ajoute avec bonheur, mes frères, que vous le lui avez bien rendu. Vous lui avez prouvé votre vénération et votre reconnaissance, en lui confiant pendant de longues années la direction de vos affaires; vous le lui prouvez plus encore aujourd'hui par l'empressement religieux avec lequel vous êtes tous venus lui rendre un dernier devoir.

Son souvenir comme ses œuvres vivront au milieu de vous. Vous vous rappellerez avec quelle bonté il s'intéressait à vos travaux, à vos labeurs, à vos souffrances. Comme il était heureux de se mêler à vous, de vous associer aux résultats de ses recherches, de vous initier aux meilleures méthodes de culture, de vous encourager par ses conseils!

Comme il était heureux surtout de pouvoir venir en aide à vos besoins! Comme sa main s'ouvrait, discrètement mais largement, pour l'aumône! Quand il connaissait une situation vraiment digne d'intérêt, sa charité était inépuisable.

Mais le bien ne se fait jamais sans obstacle. Fidèle à sa devise: *Dulce ac Fortiter*, M. le baron de Layre eut à faire preuve de force et de courage; car les épreuves ne lui furent pas épargnées. Les enfants de lumière, gardiens et défenseurs de la justice et de la vérité, n'ont-ils pas en effet plus que les autres à combattre et à souffrir pour elles? Il en fit trop souvent la douloureuse expérience.

Il n'en continua pas moins d'accomplir le bien, sans ostentation et sans restrictions d'aucune sorte. Plus que jamais, au contraire, il consacra ses loisirs et sa fortune aux œuvres de la charité.

Parmi celles qu'il avait le plus à cœur, nous devons citer l'enseignement chrétien. M. le baron de Layre avait une trop haute idée de la religion, de ses bienfaits, de son influence sur la morale publique et la grandeur du pays, il croyait trop aux grandes destinées qu'elle ouvre sur nos têtes, aux immortelles espérances qu'elle fait rayonner à nos yeux, pour ne pas se ranger résolument sous sa bannière, lui prêter son concours, se dévouer pour elle. Il prit en main cette sainte cause. Il la soutint de sa parole, de son action, de ses largesses, dans sa commune et dans les comités de son arrondissement et de notre département.

Il agissait sans récriminations amères, sans bruit, mais au grand jour, et comme remplissant un devoir qui s'impose de lui-même au nom de la Justice et de la Vérité.

In justitia et veritate.

Un aussi beau dévouement le préparait à supporter en grand chrétien la plus douloureuse des épreuves. C'est au milieu de ces luttes qu'il fut frappé dans ses affections les plus chères.

En 1885, M. le baron de Layre avait marié sa fille aînée, Mademoiselle Marguerite, à M. le comte Louis Lafond, homme d'un esprit ouvert et cultivé, digne fils d'un père vénéré parmi les catholiques pour son amour de l'Église et sa générosité envers le Saint-Siège. Les deux familles avaient les mêmes traditions d'honneur et de foi chrétienne.

L'année suivante, un enfant leur naissait. La joie était à son comble, lorsque quelques jours après, à l'âge de vingt ans, Madame la comtesse Louis Lafond était rappelée à Dieu.

« Notre bonheur, écrivait à cette occasion M. le baron de Layre, aurait dû nous faire peur, car jusqu'à ce jour, excepté les épreuves inévitables de la vie, notre part avait été si belle qu'on nous citait comme un exemple des gens favorisés du Ciel, et nous-mêmes nous jouissions vraiment de notre bonheur. Le coup de foudre qui nous a soudain frappés n'en a été que plus douloureux. »

Et pourtant, mes Frères, n'accusons pas la Providence, il faut que les enfants de lumière s'établissent non seulement dans la Justice, mais aussi dans la Vérité.

Or, une vérité qu'on est tenté d'oublier quand tout nous sourit sur la terre, c'est que le bonheur parfait n'est pas de ce monde; c'est qu'il faut le chercher au Ciel. Tous nous en devons faire la salutaire expérience.

Elle fut dure pour cette noble famille; mais, j'ai hâte de le dire, elle ne fut pas sans fruits.

A partir de cette époque, M. le baron de Layre se sentit envahi par une grande pensée, la pensée du Ciel.

L'âme si chère qu'il avait vue s'échapper dans un angélique sourire lui envoyait en quelque sorte de célestes appels.

Il avait à cœur de la retrouver un jour; il voulut que le père soit digne de l'enfant. Sa foi jeta des clartés plus vives, sa piété grandit et devint chaque jour plus expansive et plus forte.

Mais c'est à la mort surtout que ces dispositions se révélèrent avec plus d'éclat. Sa vie était celle d'un chrétien, sa mort fut celle d'un saint.

Quand il la sentit venir, son visage rayonna. Le Ciel s'ouvrait devant lui. Il laissait sur la terre une famille désolée, mais qui garderait son souvenir, marcherait sur ses traces et qu'il retrouverait au céleste rendez-vous, où déjà il se savait attendu. Il reçut avec la foi la plus vive tous les secours de la religion, la bénédiction du Saint-Père, et communia avec sa sainte épouse. Cette communion au seuil de l'éternité leur parut la consécration de leur union future dans ce monde mystérieux qu'ils entrevoyaient ensemble. Ces noces toutes célestes illuminèrent, pendant quelques heures encore, d'une douce et religieuse clarté une vie qui allait s'éteindre. Puis quand il sentit s'approcher le moment suprême, uni à son héroïque compagne,

M. le baron de Layre fit à Dieu le sacrifice de sa vie, appela une dernière bénédiction sur le fils et sur la fille qu'il aimait tant et sur le cher petit enfant qui lui rappelait de si déchirants et précieux souvenirs.

Enfin le crucifix dans une main, l'image de sa bien-aimée Marguerite dans l'autre, le sourire sur les lèvres, il s'endormit dans le Seigneur.

Et maintenant, mes Frères, qu'ajouterai-je au récit de cette scène si touchante, si sublime dans sa noble simplicité? Arrivée à ces sommets lumineux, la grande âme du baron de Layre ne s'y est-elle pas révélée tout entière?

Restons sur l'impression sanctifiante qu'elle nous laisse. C'est un souvenir qu'il faut garder avec un saint respect. Il sera pour sa famille la consolation la plus haute, la plus puissante. Son admirable compagne y a déjà puisé la force de supporter sans fléchir un deuil aussi cruel. Ses enfants y trouveront une leçon élevée et un salutaire exemple qu'ils conserveront avec une douce et pieuse vénération.

Héritiers de la foi robuste et fière de leur père, ils seront fidèles à la belle devise qu'il a replacée dans une plus vive lumière : Douceur et Force. *Dulce ac Fortiter*.

Et nous, mes Frères, pour honorer entièrement la mémoire de celui qui laisse ici un vide immense, joignons au profond regret que nous cause sa mort une résolution forte et généreuse. Éclairés par la même lumière, nous voudrons nous attacher aux mêmes vertus, et, à l'exemple de M. le baron de Layre, rester fidèles toute notre vie à la bonté, à la justice, à la vérité, *in omni bonitate et justitia et veritate*.

Ainsi soit-il !

PAROLES

PRONONCÉES

PAR MONSEIGNEUR L'ÉVÊQUE DE CHARTRES

AU CIMETIÈRE DE BEAUMONT-LES-AUTELS

Sur le seuil de la Chapelle funéraire

AUX OBSÈQUES DE M. LE BARON DE LAYRE

Voilà donc la dernière demeure de celui qui occupait là-bas l'opulente habitation d'où nous l'avons conduit ici.

Une tombe! voilà tout ce qui lui reste, et où toute vie humaine vient se briser ici-bas! Oui; et ce serait fini, à jamais fini, si celui dont nous conduisons les funérailles n'avait été qu'un homme considérable et considéré dans le monde, mais n'ayant mis dans son âme et dans son cœur que des espérances humaines.

Heureusement c'était un chrétien; et nous n'avons pas à lui donner seulement des regrets et des larmes, nous pouvons insulter ici à la mort dans son triomphe même.

En mettant tout à l'heure le pied sur ce champ funéraire, tout à coup un objet a frappé mes yeux, un chant mes oreilles. Je voyais des draperies sur ce sépulcre et, les surmontant, une croix ; et j'entendais retentir ces paroles :

« Je suis la résurrection et la vie. Celui » qui croit en moi, fût-il mort, vivra. » Il vit donc, mes frères, celui que nous pleurons et auquel nous venons dire un adieu qui, grâce à Celui qui est mort sur cette croix, ne sera pas éternel ! Le Christ a vaincu la mort !

Le Christ nous a ouvert les cieux, et celui qui est dans ce cercueil croyait au Christ, aimait le Christ, invoquait le Christ, et c'est pourquoi il n'est pas mort ! Il vit et vivra à jamais !

Oh ! bonheur de cette grande Foi et de cette grande Espérance Chrétienne ! Et c'était un chrétien, j'aime à le redire, et un grand chrétien que ce cher Baron de Layre. Avec quelle édification et quelle joie nous entendions tout à l'heure d'une bouche éloquente et vraie le récit de ses derniers moments !

Ainsi meurent les chrétiens qui ont vécu comme lui.

Et quel homme aimable et distingué, quel commerce charmant d'une affection fidèle, vous le savez mieux que moi, vous ses parents, ses amis ! Moi, je n'ai fait, hélas ! que l'entrevoir; Mais c'en fut assez pour lui gagner mon cœur à jamais. Qu'est-ce donc, mes frères, que cette mystérieuse chose qui s'appelle la sympathie ? Un regard, un mot, un serrement de mains suffisent quelquefois à la faire naître.

Je n'avais fait en deux ou trois rencontres que me trouver près de lui, le voir, lui parler, et je ne sais quoi de son âme avait touché la mienne : c'en était fait, et j'espérais, oui, pardonnez-moi cet aveu, j'espérais trouver en lui plus qu'un auxiliaire dans les œuvres chrétiennes : un ami. Un évêque lui-même en a besoin dans les difficultés quelquefois amères de la vie.

Et puis, tout à coup j'apprends qu'il n'est plus, Dieu l'a ravi à sa famille en deuil pour lui donner la récompense de ses mérites et de ses vertus !

Ce deuil, je l'avoue, en a été aussi un pour moi, et je le pleure parce que je l'aimais, voilà pourquoi je suis accouru ici pour mêler mon hommage à votre hommage, mes larmes à vos larmes, mes prières à vos prières, et aussi mes espérances à vos espérances ; car je le répète : Il vit au sein de Dieu. Il ne disparaît pas tout entier; sa chère image nous reste, son souvenir sera dans nos cœurs. Vous le pleurez, mais vous ne l'oublierez pas; vous surtout qui étiez les siens, sa famille ici-bas, et à qui il a légué quelque chose qui vaut mieux que la fortune : ses exemples et ce qui était vraimemt lui-même, ses principes, ses convictions, sa foi qui, je l'espère seront gardés inébranlablement par vous.